QUE PRÉFÉRER?...

une Assemblée unique omnipotente, *ou* une Législature
composée d'une Chambre des
Représentants, d'un Sénat et
d'un Président?

La Constitution des États-Unis fonctionne depuis 60 ans (de 1788 à 1848). — Elle fait la gloire et la prospérité du pays qu'elle régit.

SIMPLE EXPOSÉ

DES EMPRUNTS QUE NOUS POURRIONS LUI FAIRE, POUR LA FORMA-
TION DE NOTRE POUVOIR LÉGISLATIF ET EXÉCUTIF,
ET LA DURÉE DE CES MÊMES POUVOIRS;

précédé et suivi d'une

Réfutation de l'opinion émise par plusieurs Candidats à la députation, en faveur d'une Assemblée UNIQUE *et* OMNIPOTENTE.

Quelques personnes s'étant déjà occupées, prématu-rément peut-être, dans les comités électoraux, de la constitution que nous attendons de l'Assemblée nationale, en ce qui concerne la composition des pouvoirs législa-tifs et exécutifs, j'ai cru ne devoir pas rester étranger à ce débat.

Je ne suis point écrivain, encore moins jurisconsulte; mais réfugié de Saint-Domingue aux États-Unis, j'ai été vingt-deux ans citoyen de cette république. J'ai vu fonc-tionner et j'ai chéri longtemps les lois qui la régissent.

4

Ainsi, on croira facilement que je n'ai aucune répu-
gnance pour cette forme de gouvernement. Réintégré dans
ma qualité de Français en vertu des art. 17 et 18 du
Code civil, je n'ai exercé, dans ma patrie, pendant les 28
ans qui se sont écoulés depuis mon retour, que les char-
ges d'adjoint et de maire d'une commune de 400 âmes.
Mes principes n'ont donc pu subir aucune altération par
la satisfaction de désirs ambitieux, ni être influencés par
des emplois lucratifs. — Pendant la durée du gouvernement constitutionnel, j'ai constamment appelé de mes
vœux et exprimé par mes paroles, le désir de la réforme
parlementaire et électorale, dont le refus a causé la ruine
de ce gouvernement, et transformé la France en une
vaste république. — Quel est maintenant le devoir de
tout Français?.... Celui de concourir par ses lumières,
par son vote, par son influence, à fonder la meilleure
république possible.

Quant à moi, vieux et infirme, je lui porte le seul tri-
but qui soit encore en mon pouvoir : celui d'une longue
expérience et de mes souvenirs.

Je n'ambitionne pour cet écrit, aucun mérite de style,
si ce n'est la simplicité et la clarté, les seuls, d'ailleurs,
qui conviennent à ce genre de discussion.

Deux ou trois personnes appelées à donner, dans les
comités électoraux, leur opinion sur la constitution du
pouvoir législatif et exécutif de la République, se sont
prononcées pour une Chambre unique, et un Président
enfanté de son sein. Nous avons fait déjà *deux fois l'ex-
périmentation* de cette combinaison : la première dans la
Constitution de 1791, où Louis XVI était une espèce de
Président héréditaire, dont les fonctions n'ont duré tout
juste que quatre ans, comme celles d'un Président élu,
renversé qu'il a été par le Pouvoir législatif. — La seconde expérience d'une assemblée unique réunissant tous

les pouvoirs législatifs et exécutifs, a été faite de 1792 à 1794, dans la Convention, pendant une durée de vingt mois; il est inutile de rappeler ce qui en est résulté, ni comment elle a fini.

Cette idée d'une Chambre unique réunissant tous les pouvoirs et enfantant de son sein, soit dans ses comités, soit dans ses ministres, soit dans la personne d'un Président, le pouvoir exécutif, n'a pas pris son origine en France.

Elle fut discutée dans le sein de la Convention qui en 1787 rédigea la constitution actuelle des États-Unis. Un très-petit nombre des délégués composant cette réunion, deux, si mes souvenirs sont fidèles, en firent la proposition et la soutinrent par des arguments à peu près identiques à ceux employés dans nos comités électoraux. — Mais il leur fut répondu qu'une pareille législature était un pouvoir exorbitant et sans contrôle; un pouvoir qui touchait de très-près à la dictature; que le seul contrôle qu'on pût exercer contre la dictature était sa brièveté; et que si leur proposition prévalait, il faudrait, comme contre-poids, que le corps législatif, ainsi constitué, fut renouvelé chaque année, et le peuple entier appelé annuellement aux élections.

La proposition s'évanouit et tomba devant cette seule objection.

Ceux qui dans nos Comités électoraux l'ont reprise, ont négligé de s'expliquer sur la durée du mandat législatif de leur Chambre unique. Si j'avais l'honneur de les connaître, ce serait la première explication que je leur demanderais (1).

---

(1) Depuis que ces lignes ont été écrites, M. Simiot, dans sa profession de principes, a fait connaître les conditions de durée qu'il attachait au pouvoir d'une Chambre unique. Je combats son opinion à la fin du présent écrit.

Un jour néfaste, Rome aussi, concentra tous les pouvoirs législatifs et exécutifs entre les mains de dix individus, qui sont désignés dans l'histoire sous le nom de *Décemvirs*. Ils étaient chargés de faire une recherche des lois de la Grèce applicables au peuple Romain. La première année de leur magistrature, ils agirent avec douceur et modestie et jouirent d'une extrême popularité. Le Président d'entr'eux qui alternait à tour de rôle chaque jour, était le seul qui se fît escorter de douze licteurs. La seconde année, ils changèrent de conduite, et devinrent odieux ; alors pour imprimer une crainte plus grande, ils se faisaient précéder et suivre de 120 licteurs portant les faisceaux et la hache. La troisième année, leur autorité parvint au plus haut degré de la tyrannie, et finit par le meurtre de Virginie tuée par son propre père, qui amena leur chute, leur châtiment et une révolution dans Rome.

Cet exemple, pris des temps anciens, et celui de la Convention, pris à notre propre histoire, ne sont pas faits pour créer des partisans au système de la concentration de tous les pouvoirs dans une Chambre unique.

Après la Convention vint la Constitution connue sous le nom de *Constitution du Directoire*. Elle était composée de deux Chambres, celle des Représentants et celle des Anciens, et d'un Pouvoir exécutif exercé par cinq individus, dont un sortait et était remplacé annuellement. Il y avait dans cette combinaison quelque analogie avec la Constitution des États-Unis, excepté que dans cette dernière, le renouvellement partiel s'opère dans le Sénat, et que le pouvoir exécutif, qui, constitué inférieur et presque subordonné au pouvoir législatif, ne peut jamais dégénérer en tyrannie, y est dévolu à un seul homme. La discorde pénétra promptement parmi nos cinq Directeurs ; cette Constitution fit ce qu'on appela *son* 18 *Fruc-*

tidor, et essuya *son* 18 *Brumaire* qui en débarrassa la France.

Enfin, vint la Constitution consulaire, qui applanit la voie à l'empire.

Il n'est pas, que je sache, question de revenir à l'une ou l'autre de ces deux dernières Constitutions. — Que devons-nous donc faire ?

Appellerons-nous à notre aide l'esprit inventif de quelque nouveau Siéyès ; nous jetterons-nous encore dans les aventures, au risque d'éteindre toute confiance ; ou bien rétablirons-nous immédiatement cette confiance si nécessaire et si désirée, en ayant la sagesse de prendre pour modèle, la Constitution des États-Unis ; non pas en ce qu'elle a de fédératif, **qui ne saurait convenir à notre position géographique**, toute différente de celle des États-Unis, mais pour y puiser seulement trois éléments constitutifs, savoir : 1.º l'organisation du pouvoir législatif et exécutif ; 2.º leur élection par le peuple ; 3.º la courte durée du mandat tant législatif qu'exécutif.

Remarquons-le, cette Constitution a la consécration du temps. Depuis soixante ans (de 1788 à 1848), elle fonctionne sans entraves, en paix comme en guerre, à la satisfaction et pour la prospérité de tout le peuple qu'elle régit. Cette longue et heureuse épreuve nous compterait donc à nous ; elle aurait opéré à notre profit ; elle nous procurerait, comme par enchantement, le retour de la confiance, dont la privation, pour peu qu'elle se prolonge, doit conduire à la plus profonde misère toutes les classes, tous les individus mêmes de la société.

Mais, avant de procéder plus loin, je crois devoir le répéter ; il ne s'agit pas d'emprunter à ce pays-là, ses institutions fédératives, comme feignent de le craindre ceux qui préconisent une assemblée unique ; mais seulement de puiser dans la Constitution des États-Unis ce qui

peut convenir à notre France unitaire, à savoir, l'organisation du Pouvoir législatif et exécutif, et la fréquence
des élections.

Aux États-Unis, la puissance législative réside dans un
congrès composé de deux Chambres.

1.º La Chambre des Représentants, 2.º celle du Sénat.

La Chambre des Représentants est élue directement
par le peuple, et le nombre des Représentants est beaucoup plus considérable que celui des Sénateurs.

La Chambre des Représentants est renouvelée en entier
chaque deux ans par la voie de l'élection directe.

Pour être membre de cette Chambre, il faut être âgé
de 25 ans.

Les Sénateurs sont élus pour six ans, renouvelables
par tiers et par la voie de l'élection chaque deux ans, en
même temps que la Chambre des Représentants est renouvelée en entier.

L'élection des Sénateurs se fait par une élection à deux
degrés, qui tient à l'état fédératif de cette République.
Ce mode ne pourrait s'appliquer à la France. Le choix des
Sénateurs doit y être, comme celui des Représentants,
le résultat d'une élection directe faite par le peuple.

Pour être élu Sénateur, il faut être âgé de 30 ans.

Toutes les lois de finances doivent prendre leur origine
dans la Chambre des Représentants. L'initiative de toutes
les autres appartient également aux deux Chambres.

Quelque court que paraisse un mandat de six ans, le
Sénat étant un corps qui ne se renouvelle que par tiers
et jamais en totalité, est comparativement à la Chambre
des Représentants, essentiellement conservateur. Il mo-
dère et arrête les résolutions trop violentes ou trop sou-
daines des Représentants. — Il empêche le décousu dans
l'administration intérieure, et donne de l'uniformité et
de la suite à la politique extérieure. Car, si d'un côté le

Sénat concourt avec les Représentants dans la confection des lois, de l'autre, il partage avec le président, par son approbation indispensable, le pouvoir de conclure les traités. Son consentement est nécessaire encore au choix que fait le Président des ambassadeurs, des consuls, et autres ministres publics, etc. En sorte, que le Sénat forme, par cette double participation, un lien entre les pouvoirs législatifs et exécutifs.

Le pouvoir exécutif des États-Unis est confié au Président, dont le mandat dure quatre ans. Il est élu ainsi que le vice-Président, comme il suit :

» Chaque État (disons pour la France, le peuple de chaque département), nommera des Électeurs en nombre égal à celui des Représentants et Sénateurs qu'ils envoient au Congrès. Ces Électeurs se réuniront à leurs chefs-lieux respectifs ; ils voteront par bulletin, pour la présidence et pour la vice-présidence, deux personnes dont, l'une au moins ne sera pas habitant du même État (en France du même département) qu'eux ; ils feront deux bulletins distincts, l'un pour le président, l'autre pour le vice-président. Après dépouillement, ils feront deux listes distinctes de toutes les personnes désignées pour président et vice-président. Ils certifieront et signeront ces listes, et les transmettront cachetées au siège du Gouvernement, à l'adresse du Président du Sénat. Le Président du Sénat ouvrira tous les certificats en présence du Sénat et de la Chambre des Représentants. On recensera les votes ; la personne qui réunira le plus de votes pour la présidence, sera le président s'il réunit la majorité absolue de tous les Électeurs. Si aucune personne n'a obtenu cette majorité, la Chambre des Représentants choisira par bulletin l'une des trois personnes qui auront obtenu le plus de suffrages pour la présidence. (Suivent quelques complications dues au système fédératif).

La personne qui réunira la plus forte majorité absolue pour la vice-présidence, sera vice-président. Si personne ne réunit cette majorité, le Sénat choisira pour vice-président l'un des deux individus qui auront obtenu le plus de suffrages.

Le Vice-président des États-Unis est président du Sénat; mais ne vote que lorsqu'il y a partage égal des voix.

En cas de décès du Président des États-Unis, le Vice-président le remplace.

Ainsi le Président n'est *engendré ni par l'une ou l'autre Chambre* (1); *ni par toutes les deux réunies dans une même enceinte; il émane, il est l'élu du peuple,* aussi bien que les deux autres branches du Gouvernement; son élection, il est vrai, est le résultat d'une élection à deux degrés; faite par des Électeurs choisis *ad hoc* par le peuple; et comment pourrait-il en être mieux ou autrement. Voyez toute la confusion, toute l'incertitude, qui naît du choix des députés par le vote de tous les Électeurs d'un département; et jugez ce que serait l'élection d'un *homme unique* choisi dans toute la France par les dix millions d'individus qui en composent le corps électoral. Si matériellement c'est impossible, intellectuellement c'est encore pire. La masse, l'immense majorité des Electeurs actuels sont illéttrés, et privés de ces rapports, de ces documents, de ces renseignements, qui mettent à même d'apprécier le mérite des hommes publics, et de se prononcer en faveur de celui qui a le

---

(1) C'est une chose exorbitante qu'un des pouvoirs de l'Etat qui en engendre un autre à volonté. C'est en vérité un enfantement contre nature. Un pouvoir crée des ministres, des officiers publics, des serviteurs, mais en présence de la souveraineté du peuple, il ne peut pas, ou ne doit pas enfanter un autre pouvoir de l'Etat.

plus de droit à la première magistrature du pays. Il est évident que l'élection directe livrerait un choix aussi important au hasard ou à l'intrigue, et que forcément il faut recourir chez nous au mode employé par les États-Unis.

Le Président des États-Unis doit être âgé de 35 ans au moins.

Je n'énumérerai pas ici les pouvoirs exécutifs du Président ; ils sont très-étendus et complets.

Je remarquerai seulement une seconde fois que l'avis et l'approbation des deux tiers des membres présents du Sénat lui sont indispensables pour conclure des traités, et nommer les ambassadeurs et autres ministres publics, les consuls, les juges de la Cour suprême , etc. Mais il est loisible aux législatures subséquentes d'accorder au Président seul la nomination aux emplois inférieurs.

Je dois ajouter enfin, qu'en outre du pouvoir exécutif, le Président jouit d'une participation, faible il est vrai, au pouvoir législatif. Tous les bills qui passent aux deux Chambres, ne deviennent une loi qu'après lui avoir été présentés. Le Président signe le bill s'il l'approuve ; quand il ne l'approuve pas, il le renvoie accompagné de ses objections écrites à la Chambre qui en a eu l'initiative et si après reconsidération, les deux tiers de chaque Chambre persistent à voter le bill, il devient loi, nonobstant l'avis du Président.

Voilà certes une constitution pondérée soigneusement et qui ne laisse guères à l'arbitraire ou au despotisme, la moindre chance de la dominer.

Cependant les habiles auteurs de cette œuvre, ont cru devoir la mettre sous la protection, et sous l'influence fortifiante des élections fréquentes.

En effet, rien ne s'oppose plus efficacement à la tyrannie des assemblées, cent fois plus redoutable que

celle des rois absolus, que le retour fréquent des élections ; et, ce qu'il y a de singulier et de remarquable, c'est
qu'en même temps, rien ne donne plus de force et de
puissance à un gouvernement régulier que le retour fréquent de ces mêmes élections, et la briéveté du mandat
confié par le peuple à ses représentants.

La première de ces deux propositions n'a pas besoin
de démonstration ; je vais faire en sorte de prouver la
seconde.

Partons d'un principe : « *La population est éphémère
» et de courte durée* ».

Huit années d'administration usèrent la popularité de
Washington. Ce grand homme, à qui son pays, a dé-
cerné la plus glorieuse épitaphe qui jamais ait été gravée
sur une pierre sépulcrale : « *Washington, le premier en
» paix, le premier en guerre, le premier dans le cœur de
» ses concitoyens* ». Ce grand Citoyen, dis-je, mourut
impopulaire, et pourquoi ? Pour avoir empêché son pays
d'abandonner la neutralité et de se précipiter téméraire-
ment dans la guerre en faveur de la France contre l'Angleterre. Cette neutralité, origine de la richesse et de la
grandeur actuelle des États-Unis, conservée par Washington au prix de sa popularité, est maintenant un de
ses premiers titres à l'amour et à la reconnaissance de
ses compatriotes.

Si une popularité pareille, a succombé, que doivent
espérer toutes les popularités à venir ? et ne pouvons-nous
pas poser en principe *que toute popularité est éphémère et
de courte durée.*

Chaque homme porté à la Chambre, surtout pour la
première fois, sans emploi de moyens subreptices, dans
son élection, arrive populaire à cette Chambre. C'est
même le moment de sa plus grande popularité ; et comme
la popularité de la Chambre se compose de celle de ses

membres, on doit conclure qu'au début, toute la Chambre jouit de sa plus grande masse de popularité, de confiance et par conséquent d'influence morale.

Mais dans la législature à longue durée, chaque année fait une brèche à la popularité individuelle et générale de la Chambre; en outre, dans les contrées où les institutions et les mœurs sociales sont comme en France et en Amérique, empreintes d'un esprit d'égalité, on s'y ennuie, on y est promptement fatigué de voir la Chambre remplie des mêmes individus. Dans cette condition, si les procédés de la législature, en désaccord, avec l'opinion prévalente, poussent passionnément à souhaiter qu'un arrêt soit mis à son pouvoir, et que l'on soit encore à plusieurs années du terme où il aboutit, il est à craindre, ou du moins il est possible, qu'on use de force et de violence pour avancer cette époque; alors la Constitution se trouve violée et elle n'est plus digne du peuple qu'elle régit! (1).

Si, au contraire, le mandat législatif est de courte durée, de deux ans par exemple, qu'arrivera-t-il?... Que ce sera ou à l'issue de la première session, ou au milieu de la seconde que l'impopularité de la législature aura éclaté. Dans l'un et l'autre cas on sera modéré; on prendra patience; car chacun à part soi se dira : « Cette lé— » gislature n'a plus qu'un an à servir, ou bien elle en est » à sa dernière session, à quoi bon employer contre » elle des moyens violents et illégaux? Lorsque le cours » naturel des lois et des élections doit sitôt nous en dé— » barrasser ».

---

(1) Le 18 Brumaire, les membres du Conseil des Cinq-Cents reprochaient au général Bonaparte d'anéantir la Constitution. — « La » Constitution!.... s'écria celui-ci, vous l'avez violée; elle n'est plus ». digne du peuple Français ».

On voit donc bien clairement que la fréquence des élections à l'égard des hauts pouvoirs constitués, loin d'être, comme bien des gens le pensent, une cause de troubles et de révolution, en sont le plus sûr préservatif. Ah ! sans doute, elles ramènent souvent une grande agitation politique, mais une agitation sans péril.

Ainsi, comme je l'ai avancé, la courte durée du mandat législatif, *est en même temps* une garantie contre l'oppression *soit en faveur de la liberté pour le peuple, soit en faveur de la Constitution contre ce même peuple.* — Qu'inventer donc de mieux ?

Les auteurs de la Charte revisée, et les Ministres qui se sont succédés sous le règne de Louis–Philippe, n'ont pas saisi, ou ils semblent avoir méconnu, la nature et les effets salutaires des élections fréquentes ; d'abord la Chambre des Pairs fut constituée à vie, ce qui la privait de tout ascendant du côté du peuple, et ce qui est pire et même monstrueux, à mon avis, et lui ôtait son indépendance, c'est qu'elle était enfantée successivement par le choix exercé par l'un des deux autres pouvoirs constitués, le pouvoir exécutif et royal. Aussi, quelle nullité complète au jour d'épreuve. En second lieu, le mandat du député fut maintenu à cinq ans ; c'était déjà trop ; il aurait fallu le faire plus court que sous la Restauration, le réduire à trois ans au plus. Au lieu de cela, on s'appliqua à le prolonger par tous les moyens d'influence qu'a le pouvoir exécutif dans les élections. Il semblait que l'on visait à perpétuer la députation dans les mêmes personnes ; une grande partie des députés n'ont pas cessé de l'être pendant les dix–sept années du règne de Louis-Philippe ; et beaucoup d'entr'eux, quant il leur a fallu renoncer à toute chance de réélection, ont passé à la Chambre des Pairs, en vertu du choix de la Couronne. A la Chambre des Pairs, on s'essayait à remplacer les décès par les fils des décédés. Si donc cet état de choses avait pu se consolider, nous aurions fini, au moyen de ces voies souterraines, par avoir une Chambre des Députés quasi à vie et une pairie quasi héréditaire. Un millier de familles se seraient élevées, ainsi au-dessus de la nation ; tout cela déplaisait aux hommes mêmes les plus modérés et les plus conservateurs, qui ont cru devoir joindre leur voix au cri proféré, « de la réforme parlementaire et électorale ». Cette conduite et ce système du Gouvernement était en imitation de ce qui existe en Angleterre. De triennal qu'était le Parlement, il y est devenu septennal. On y regarde la longue durée des Parlements comme une cause de force et de stabilité. Mais l'état social de l'Angleterre est essentiellement différent du nôtre, il est profondément aristocratique. Depuis des siècles on y voit constamment les mêmes noms, soit dans le ministère, soit dans tous les hauts emplois, soit dans la Chambre des Communes. De temps à autre seulement, quelques individus d'une supériorité d'esprit incontestable, parviennent à entrer dans la Chambre des Communes et terminent leur carrière dans celle des Lords. Les Anglais sont accoutumés à cette manière de faire ; ils n'en sont pas offusqués, peut-être même leur plaît-elle ; car l'Anglais des classes même peu élevées, tient singulièrement à sa naissance, *au pedigree* (à la généalogie de sa famille). On aurait donc voulu arriver progressivement à quelque chose d'analogue dans notre France toute démocratique. Contre-sens funeste ; la Chambre des Députés, même les membres de l'opposition qu'on appelait dynastique, y ont perdu radicalement leur popularité. Aussi, au jour de la crise, un trône appuyé sur l'unanimité de l'une des Chambres et l'immense majorité de l'autre, s'est écroulé au premier choc, étayé qu'il était par des hommes d'une popularité vermoulue et usée.

Que cette catastrophe nous serve de leçon, et demeurons convaincus qu'une constitution libre et durable, ne peut se fonder en France que par la fréquence des élections.

Ici j'aurais fini ma tâche; mais ayant lu dans les journaux la profession de principes d'un écrivain distingué de Bordeaux, M. Simiot, où ce candidat à la députation se prononce pour une Chambre unique, je crois devoir quelques lignes de réfutations à une opinion qui n'est pas sans importance dans notre cité. M. Simiot a sans doute compris le danger d'une chambre unique, car il lui cherche une atténuation. Il ne demande pas le renouvellement intégral annuel, mais il voudrait que l'assemblée fût renouvelable par tiers chaque année. L'expédient manque son but. Il aggrave au lieu d'amoindrir le danger : si un corps unique, constitué de cette façon, devenait oppressif, jamais on en triompherait par les élections. La violence seule, et par conséquent, une révolution, en pourrait affranchir le pays. Croit-on qu'avec son omnipotence, cette législature manquerait de moyens d'influencer et de dominer les élections du tiers rentrant? N'est-ce pas un fait hors de toute contestation, qu'il est plus facile au gouvernement de diriger des élections partielles que des élections générales? Il est donc plus que probable, il est pour ainsi dire certain, qu'à chaque élection, le tiers rentrant serait composé de plus en plus de membres appartenant à l'opinion, ou déjà associés par leur précédent mandat, à la politique de la majorité. Quel espoir pourrait-on donc entretenir de voir un terme à cet état de choses ? Que l'on se rappelle tout ce qui a été dit avant 1820 contre le renouvellement, par cinquième, de la Chambre des députés. On s'écriait qu'il était impossible de parvenir à changer la majorité d'une Chambre renouvelée partiellement ; que cette impossibilité décourageait les électeurs de l'opposition ; qu'elle les paralysait, en sorte qu'ils s'abstenaient de voter ; que le gouvernement représentatif en était faussé ; que sans le renouvellement intégral, le gouvernement représentatif était une pure dérision, etc. Les grands publicistes de cette époque disaient et écrivaient tout cela. Cependant la Chambre des députés n'était pas un pouvoir unique omnipotent. La suite prouva bien qu'ils avaient jugé la question à son véritable point de vue : en 1820, la loi fut changée, le mandat fixé à cinq ans fut maintenu ; mais la couronne concéda le renouvellement intégral en échange du double vote des électeurs payant mille francs, qu'elle obtint.

Louis XVIII croyait fermement avoir fait pour ses successeurs un bon compromis. Eh bien, en dépit du double vote, de 1828 à 1829, le renouvellement intégral amena une majorité libérale dans la Chambre ; et en 1830, le trône de Charles X s'écroulait devant l'opposition de 221 députés.

De ce fait et des écrits des éminents publicistes dont j'ai parlé, il résulte que le renouvellement intégral est favorable à la liberté, tandis que le renouvellement partiel lui est contraire.

Je le répète, avec un sentiment de profonde conviction, je ne connais d'autre garantie suffisante contre les égarements possibles d'une assemblée omnipotente unique, *que son renouvellement annuel intégral.*

Mais s'il fallait absolument opter entre une assemblée unique omnipotente, *renouvelable par tiers annuellement,* et une assemblée également unique et omnipotente, dont le mandat serait fixé *à cinq ans et même plus,* mais soumis au renouvellement intégral, je préférerais cette assemblée-ci à l'autre. En effet, quelque long que fût ce mandat, il expirerait un jour. Ce terme arrivé, le peuple rentrerait *non pas dans le tiers, mais dans la plénitude de sa souveraineté*. La puissance de l'assemblée dissoute, se bornerait alors à l'influence morale positive ou négative, que lui aurait méritée ses œuvres et ses actes. Les élections ne seraient ni faussées, ni gênées, et par les choix qui en résulteraient, elles pourraient aisément effacer les atteintes faites à la Constitution et à la liberté (1).

Maintenant, me résumant, je conclus à ce que dans la Constitution à intervenir, les pouvoirs législatifs et exécutifs soient sagement pondérés.

Que la fréquence des élections soit adoptée comme base de nos institutions, et considérée comme un double principe d'ordre et de liberté.

Qu'en conséquence, la législature soit composée :

1.º D'une Chambre des Représentants élus directement par le peuple pour deux ans;

2.º D'un Sénat élu par le peuple directement, pour six ans et renouvelable par tiers chaque deux ans, en même temps que la Chambre des Représentants l'est intégralement;

3.º D'un Président, excerçant le pouvoir exécutif; élu pour quatre ans, et émanant du choix du peuple par une élection indirecte spéciale.

A Bordeaux, le 10 Avril 1848.

PITRAY,
ancien agriculteur-pratique.

---

(1) On me répliquera peut-être que le Sénat des États-Unis a un mandat de six ans renouvelable par tiers chaque deux ans. Mais il n'y a pas d'analogie entre les positions respectives. Le Sénat n'est pas seul, il est en présence de la Chambre des Représentants qui, en point de popularité et d'influence, le surpasse infiniment. C'est précisément pour modérer celle-ci, et pour que le Sénat pût agir comme pouvoir conservateur, qu'on l'a constitué avec un mandat plus long et un mode particulier de renouvellement.

OPINION DU GÉNÉRAL WASHINGTON

sur le danger de confier de très-grands pouvoirs à une assemblée unique.

17 Septembre 1787.

Washington, président de la Convention constitutionnelle, au Président du Congrès.

MONSIEUR,

« Nous avons maintenant l'honneur de soumettre à l'examen des États-Unis rassemblés en congrès, la constitution qui nous a paru la plus recommandable.

» Les amis de notre patrie ont longtemps désiré que le pouvoir de faire la guerre, la paix et les traités ; celui de lever des impôts, de réglementer le commerce et les autorités exécutives et judiciaires nécessaires à cet état de choses, fussent confiées entièrement et virtuellement au gouvernement général de l'Union. Mais l'inconvénient qu'il y avait à *déléguer à un seul corps d'individus, une puissance aussi étendue, est évident ;* d'où résulte la nécessité d'une organisation différente. (Celle des deux Chambres et d'un Président) ».

EN ANGLAIS.

SIR,

We haw now the honor to submit to the consideration of the United — States in congress assembled, the constitution which has appeared to us the most advisable.

The frieds of our country have long seen and desired, that the power of making war, peace and treaties ; that of Levying money, and regulating commerce, and the correspondent ex-cutives, and judicial authorities, should be fully and affec-tually vested in the general government of the Union. — But the impropriety of delegating such extensive trust to one body of men is evident, hence result the necessity of a different organisation.

Il résulte évidemment de ce fragment, que Washington considérait comme un acte dangereux, celui de confier un trop grand pouvoir à une Assemblée unique.

BORDEAUX. — IMPRIMERIE DE TH. LAFARGUE, LIBRAIRE,
Rue Puits de Bagne-Cap., 8.